Klaus ist wütend auf Tina: „Mit dir spiele ich nie wieder Fußball. Du hältst keinen Ball im Tor."

Tina spielt gut im Tor, nur manchmal greift sie daneben. „Vielleicht sieht sie schlecht", denkt der Vater.

Am nächsten Tag geht Vater mit Tina zur Augenärztin. Zuerst sitzen sie im Wartezimmer.

„Ich will aber keine Brille", sagt Tina.

Vater versucht sie aufzumuntern: „Viele Leute tragen eine Brille. Denk doch an Onkel Herbert und Tante Edith."

Die Augenärztin merkt gleich, daß Tina keine Brille haben will. Tina sagt: „Ich bin Fußballtorwart – und mit Brille geht das nicht."

Die Ärztin sagt: „Weißt du nicht, daß viele Fußballspieler Brillenträger sind? Das sieht man nur nicht. Erwachsene können statt Brillen auch Kontaktlinsen tragen. Das sind winzige Brillengläser, die direkt auf die Augen gelegt werden."

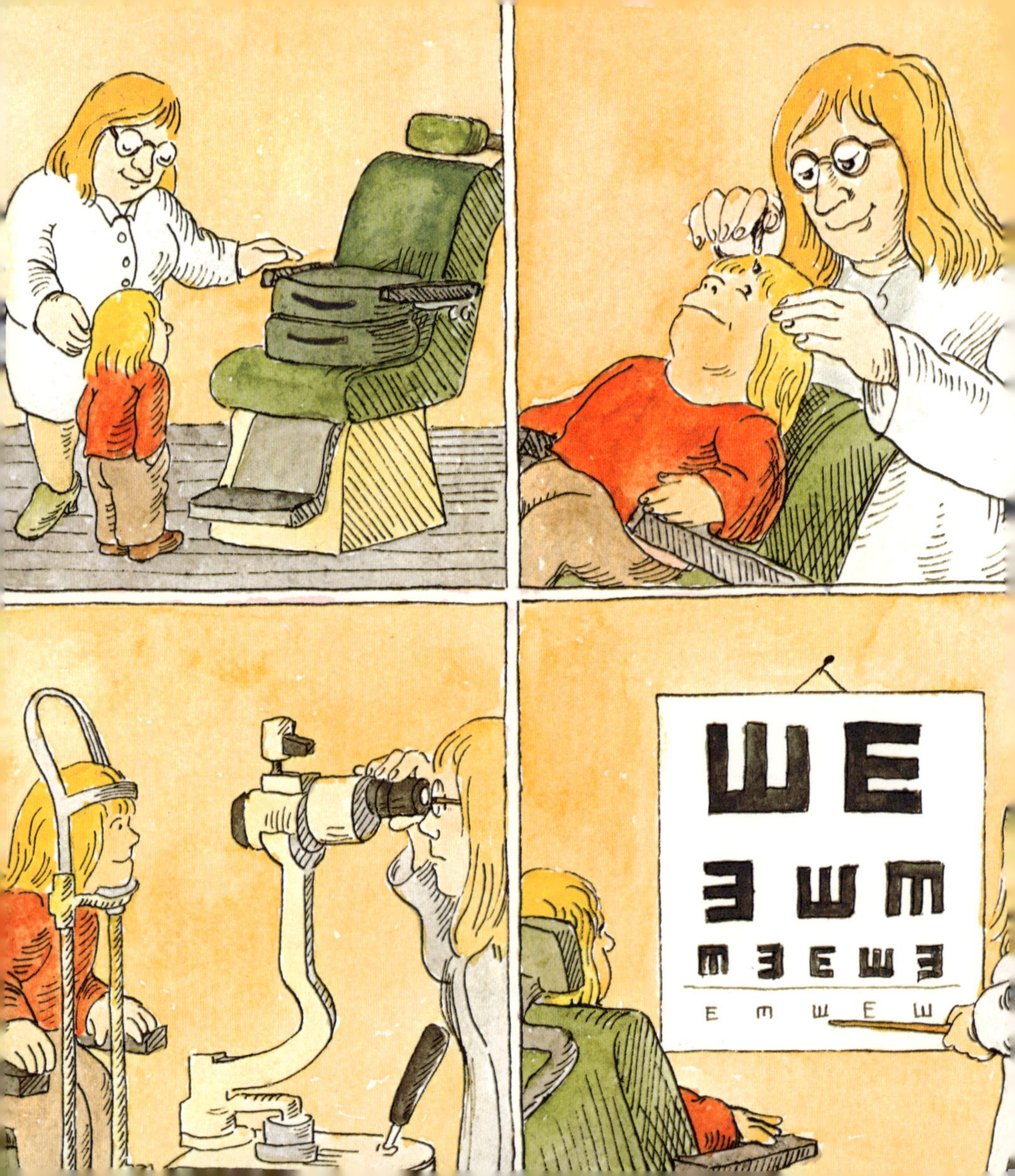

Weil Tina noch klein ist, legt die Ärztin zwei Kissen für die Untersuchung auf den Sessel.

Dann bekommt Tina Augentropfen.

Danach muß Tina ihren Kopf auf ein Gestell stützen. Die Ärztin prüft Tinas Augen mit einem Gerät, das aussieht wie ein Fernrohr.

Zuletzt kommt der Sehtest.

Tina soll die Zeichen auf der Tafel mit ihren Armen nachmachen. Die kleinen Zeichen kann sie nur durch Brillengläser erkennen, die ihr die Ärztin vor die Augen hält.

„Du brauchst eine Brille", sagt die Ärztin,
„aber du kannst weiter Torwart sein. Dafür
bekommst du eine Sportbrille.
Die verliert man nicht so leicht, und sie
geht auch nicht kaputt."

Tina und Vater gehen zum Optiker.
Tina sagt gleich, daß sie eine Brille will,
mit der sie auch Fußball spielen kann.

Tina probiert eine Brille nach der anderen.
Mit jeder sieht sie anders aus.
Das macht ihr Spaß.

Tina findet eine schöne Brille für sich.

Tina und Vater sind auf dem Weg nach Hause. Beide freuen sich über die neue Brille. Vater achtet nicht auf den Weg und läuft gegen ein Verkehrsschild.

Tina lacht: „Vielleicht brauchst du auch eine Brille?"

Tina steht wieder im Tor. Sie kann
die Bälle jetzt noch besser fangen,
und darüber freut sie sich.
Vater freut sich auch.

© 1977 Hermann Schroedel Verlag KG, Hannover.

Alle Rechte, auch die der auszugsweisen Vervielfältigungen,
gleich durch welche Medien, vorbehalten.

Made and printed in Germany 1977.
Herstellung: Konkordia GmbH für Druck und Verlag, Bühl/Baden

Hermann Schroedel Verlag KG
Hannover · Dortmund · Darmstadt · Berlin

ISBN 3-507-**62308**-0